Kordon / Althoff / Heuer DER ERST

DER ERSTE FRÜHLING

Originaltext **Klaus Kordon**

Szenario und Adaption **Gerlinde Althoff**

Zeichnungen und Adaption **Christoph Heuer**

Lieber Christoph Heuer,

ich muss gestehen, als mir Sebastian Oehler vorschlug, aus meinem „Ersten Frühling“ einen Comic zu machen, habe ich erst einmal geschluckt. Diesen fünfhundertseitigen, viele Personen und Handlungsstränge verknüpfenden Roman zu einem Comic verkürzen, das erschien mir kaum vorstellbar. Doch habe ich immer gern Comics guter Zeichner gelesen, konnte schon als Kind unterscheiden, ob ein Carl Barks (dessen Namen ich wie fast alle anderen Disney-Leser damals natürlich noch nicht kannte) meinen Donald gezeichnet hatte oder irgendein anderer. Und als Hal Foster Prinz Eisenherz nicht mehr zeichnete, wollte ich den edlen Prinzen auch nicht mehr weiter auf seinen Abenteuerzügen begleiten.

Also: Ich gehörte nie zu denen, die das „gute Buch“ gegen den „bösen Comic“ ausspielten. In unserem Fall aber handelt es sich um einen sehr realistischen Roman, der noch dazu in einer Zeit der Schrecknisse spielt. Gelingt es, diese Zeit im Comic darzustellen, ohne dass die Furchtbarkeiten des Krieges zu „Action-Abenteuern“ mutieren?

Nun, meine Neugier war geweckt. Warum sollte nicht ein Versuch gewagt werden? Ich wollte erste Proben sehen. Die gefielen mir, und Sie zeichneten und arrangierten weiter, und jedes Mal, wenn ich den Fortgang der Arbeiten, in die ich mich kaum einmischte, zu sehen bekam, war ich mehr überrascht: Es geht also doch!

Jetzt liegt der fertige Band vor mir und ich darf Sie beglückwünschen: Was da entstanden ist, ist authentisch. Sie haben die Zeit, die Stadt und die Menschen, die in meinem Roman eine Rolle spielen, lebendig gemacht. Mir bleibt nur noch danke schön zu sagen. Was ich hiermit tue.

Mit herzlichem Gruß

Ihr

Klaus Kordon

ERSTER TEIL

Der erste Frühling

2. Februar 1945
Hallo Änne, spielste mit?
Was spielt ihr denn?
Häuser treffen!

So was spielt man doch nicht!
Wieso denn nicht, ist doch nicht echt...
Guck mal: Ziel erfasst!
Bombe los!
Treffer!

Hallo Änne,
Was ist los?
Tach
Kurtchen. Die
Jungs spielen
mal wieder
Krieg!
LSR
Na,
wie wär's,
wollt ihr Ein-
kriegezeck
spielen?
Au Ja!
7...8...9...10!
Komme!
Fang mich
doch!

Änne, pass auf!
Was...?
Herr Sauer... Ich...

Du verfluchte KZ-Göre!
Ich versteh nicht, was...
So was wie du gehört weggesperrt wie deine Eltern.
In einem KZ sperrt man Verbrecher ein...
Was?
Lasst mich in Ruhe! Ich bin keine Verbrecherin!
Änne, warte...!

Rudi, ich finde, du solltest tagsüber keine Feindsender abhören. Wenn Änne das mitkriegt...
Ich habe einen Sohn im Feld stehen. Da möchte ich wissen, wie es wirklich an der Front aussieht.
Rudi, mach das Radio aus! Änne kommt.
Sauer hat gesagt, ich wäre eine KZ-Göre!
Setz dich. Wir müssen mit dir reden.
Was ist los, warum guckt ihr so ernst?

Marie, ich bin dafür, dass wir ihr die Wahrheit sagen! Ist sowieso bald alles vorbei!
Änne ist dafür noch zu klein.
Ich habe Gropa noch nie verraten, wenn er »Feindsender« gehört hat!
Wie soll man das erklären! Rudi! Hilf mir doch...
Vor zwölf Jahren haben die Braunen deine Mutter geholt. Im Gefängnis... ist sie dann gestorben...
Dein Vater wurde später ins KZ gebracht. Deshalb ist er aber noch lange kein Verbrecher! Das weiß der Sauer ganz genau!
Aber ihr seid doch meine Eltern...
Tee
Wir sind deine Großeltern, nicht deine Eltern. Das haben wir dir doch schon erklärt, Änne.

Das ist das Hochzeitsbild deiner Eltern!
Waren mal drei Brüder. Der Älteste hieß Helmut… unser Helle! Der Zweite war unser Hänschen. Er war eher still, aber sehr mutig… ist gestorben an einer schweren Krankheit…
Der Dritte und Jüngste ist unser Heinz, der jetzt Soldat ist. Helle ist dein Vater…
Aber…
Ich will keine anderen Eltern!

WOOOOOWOOOOOWOOOOO
Mäuseken! Alarm! Komm, nützt ja alles nichts!

WOOOO
Ist gut, Gropa!

WOOOOOO

WOOOO

WOOOOO

WOOOOWOOOO

WOOOOO
UNSERE MAUERN BRECHEN, UNSERE HERZEN NICHT

WOOO

Seien Sie doch still, Frau Paulig!

Na endlich, Frau Ehrlich! Ehrlich währt am längsten, was?
Lassen Sie mich doch bitte in Ruhe, Herr Sauer!
Was haben Sie denn? Der dicke Göring hat doch gesagt, er wolle Meier heißen, wenn nur ein feindliches Flugzeug...
Still, wenn das der Sauer hört!
Da sind auch schon die Christbäume...
WOOOOOWOOOOO
Bissken Flott, der Tommy wartet nicht!

WOOOOOOO
Ist das wieder stickig hier.
PST!
FEIND HÖRT
Von Luft-minen getroffen zu werden soll das Schlimmste sein.
WOOOOOOO
Wenn man die Bomben hört, können sie einem nichts mehr tun!
Bloß nicht verschüttet werden, lieber würde ich auf einer Parkbank sitzen...
WOOOOOO

Seit in Steglitz die Bomben fallen…
… nennt man es nur noch »Stehtnix«!
Änne, wie heißt deine Krankheit gleich noch? Eigentlich siehste doch aus wie 'n gesundes deutsches Mädel!
Glas-knochen-krankheit.
Lassen Sie doch die Kleine, oder passt Ihnen irgendwas nicht an ihr?
WOOOOOWOOOOO
WOOOOOWOOOOO

Achtung!

Mmmh, Kläusken, das war aber knapp!
Wenn die Tommies weiter was zum Kaputtmachen haben wollen...
... müssen sie ihre Häuser bald selbst mitbringen!
Sauer! Das war eine zersetzende Äußerung!
Herr Schnipkoweit, ich hab nix gehört.

Ohne was Warmes im Bauch kann ich nicht zur Arbeit.
Mäuseken, lauf doch schon mal vor und mach Feuer im Herd. Kriegst auch 'nen Teller warme Suppe.
Schaut mal, da liegen schon wieder Flugblätter.
Schnell weglegen! Wenn die bei uns gefunden werden, werden wir sofort verhaftet!
Wer das geschrieben hat, ist mutig...
Macht Schluss mit dem Krieg...!
Psst... Rudi!

Neun Uhr
Zehn Uhr
Elf Uhr
SPORTPALAST
Schau mal, der Zettel hier!
Hat Gropa wohl liegen gelassen… Geh mal schon ins Bett, Änne!
Rudiiii!
Ja, aber…?
Warum verbrennst du ihn denn?
Änne! Geh bitte ins Bett!
Was ist denn los?

Vielleicht war das ja eine Nachricht von meinem Vater …?
Gropa! Also doch!
Das schaff ich noch!
Änne?
Ich muss aufs Klo!

Änne!

Änne, wo bist du?

Änne?
Halt!
Nicht so
schnell!
Verfluchte
Kommunisten-
brut!

Da ist er ja...!
Gropa!
Mist! Er hat mich nicht gehört.
Dann fahre ich ihm eben nach. Muss sehen, wo er hin-will.
Wenn ich mich beeile, dann...

Oh Mann!

Ausge-
bombte!

Hoffentlich
passiert uns
so was nie.

WIR KAPITU
NIEMALS
Restauration

Überall Trümmer...

Wird alles immer schlimmer....

Was wohl mit den Bewohnern geschehen ist?

»Wer weiß,
wann wir uns wiederseh'n
am grünen Strand
der Spree!«
Was,
schon so
spät?

Gerade rechtzeitig!

Tachchen,
Volksgenosse
Gebhardt.
Haben Se mal
Feuer für einen
schmachtenden
Parteigänger?
Und?
Niemand
gefolgt?
Nee,
hab aufge-
passt.
Wer
ist das
denn...?

Und, wo ist es denn?
Da drüben!
Plünderer
werden
erschossen

Volksgenossin, trittst du ein...
... soll dein Gruß »Heil Hitler« sein.

Was gibt es denn? BDM-Ausflug, oder was?
Aua! Du tust mir weh!
Änne?!
Scheint, man kennt sich...

Änne, bist du groß geworden!
Ich bin gerührt! Reichsfamilien-zusammenführung! Wenn das der Führer wüsste...
Onkel Heinz, hast du wieder Heimaturlaub?
Änne! Warum hast du das gemacht?
... und warum bist du jetzt hier, wenn nicht auf Urlaub?
Ich hab's an der Front nicht mehr ausgehalten.
Dieter ist auch getürmt! Von der Flak! Wenn die uns erwischen, hängen sie uns sofort auf.

Änne soll ruhig wissen,
was passiert ist.
Wir sollten eine aufgeriebene
Strafkompanie ersetzen,
von der keiner überlebt hatte.
Wir wurden einfach verheizt, als
Erster hat Herbert Glogowski
einen Bauchschuss abbekommen,
die ganze Nacht hat er nach
seiner Mutter geschrieen.
Dem Seppl Brunnenmeier...

... hat es die Beine weggerissen, lagen wie ein Hakenkreuz um ihn herum...
... da bin ich abgehauen...
Hör auf, musst dich nicht entschuldigen, war selbst im Krieg.
Ich, ich...

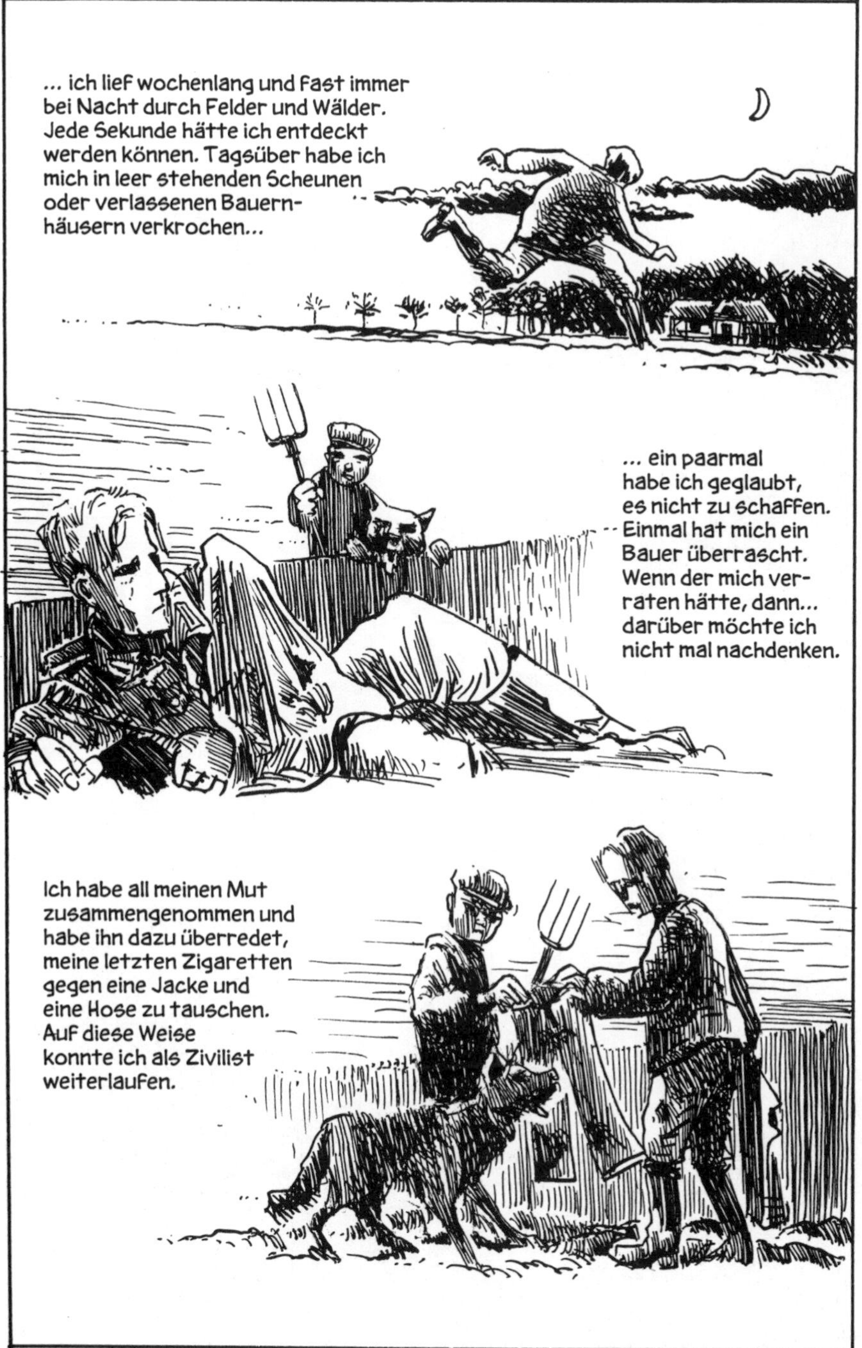
... ich lief wochenlang und fast immer bei Nacht durch Felder und Wälder. Jede Sekunde hätte ich entdeckt werden können. Tagsüber habe ich mich in leer stehenden Scheunen oder verlassenen Bauern-häusern verkrochen...
... ein paarmal habe ich geglaubt, es nicht zu schaffen. Einmal hat mich ein Bauer überrascht. Wenn der mich ver-raten hätte, dann... darüber möchte ich nicht mal nachdenken.
Ich habe all meinen Mut zusammengenommen und habe ihn dazu überredet, meine letzten Zigaretten gegen eine Jacke und eine Hose zu tauschen. Auf diese Weise konnte ich als Zivilist weiterlaufen.

Am Stadtrand von Berlin habe ich dann Dieter kennengelernt, der dort aus einer Flak-Einheit abgehauen ist. Vor sechs Wochen war er noch als Kind landverschickt worden.
Vier Wochen Ausbildung, und fertig war der Soldat!
Und deine Eltern?
Nazis! Bei denen kann ich mich nicht blicken lassen, die stehen im Endkampf!
Komm, Änne, wir müssen gehen.
Tschüss, Mäuseken! Oder soll ich dich etwa Frau Maus nennen?

Sag mal, wie kommst du eigentlich hierher?
Ich bin dir nachgefahren!
Warum denn?
Dachte, der Zettel wäre von meinem Vater.
Wie soll er den denn dahin gelegt haben?
Vielleicht haben sie ihn ja entlassen!
Das kann ich mir beim besten Willen nicht vorstellen. So menschenfreundlich sind die nicht.
Und wenn er geflohen ist?
Von da kann niemand fliehen. Da kann man nur versuchen zu überleben. Außerdem hat er mir versprochen, keine Dummheiten zu machen …

Was, du hast mit ihm gesprochen?

Vor sieben Jahren, im Gefängnis. Bevor sie ihn ins Lager gebracht haben.

Lebt er denn noch?

Ich glaub schon. Er kann sehr vernünftig sein, wenn's drauf ankommt.

Wir haben ihm damals versprechen müssen, dass die Braunen dich nicht in ihre Hände bekommen.

Deshalb haben wir mit Dr. Velbert die Glasknochenkrankheit erfunden...

Nein, aber so musstest du nicht zur HJ.

Was haben meine Eltern denn gemacht?

Sie waren einfach klüger als andere, wussten, wohin Hitler uns führt. Für den Richter war das Hochverrat.

Also bin ich gar nicht krank?

Haben sie versucht, Hitler zu erschießen?
Nein, sie haben Flugblätter gedruckt, Reden gehalten.
WOOOOWOOOoo
Mist, schon wieder Alarm!
Und was war mit Onkel Hans?
Nicht alles auf einmal...
WOOOOWOOOOOWOOOOO
Komm mit in die U-Bahn!
Lauf vor, schnell!
Gross-Destillatio
WOOOOO
Nee, ohne dich geh ich nicht!

Gropa, die Frau neben mir...
Mein Herz...
Einen Arzt, schnell!
Ich bin Sanitäter!

Beachten Sie den Lärm da draußen nicht, Sie müssen sich beruhigen!
Herr Gebhardt?
Kennen wir uns?
Fritz Markgraf! Ich habe als Kind oft mit Ihrem Sohn Helle gespielt. Er ist wohl an der Front?
Ja, mmh, an der Ost-front!
Der Mann kennt meinen Vater?
Du bist sicher Helles Tochter.

Haben Sie auch Familie?

Ich hatte Frau und Kinder...

Sie liegen unter den Trümmern begraben!

Wir sind selbst schuld an dem, was geschieht. Doch was die Amis und die Tommies hier anrichten, ist ein großes Unrecht.

Warum zerstören sie denn immer wieder Wohnhäuser. Sie irren, wenn sie glauben, dass sie so den Widerstandswillen brechen.

Sie haben viel Vertrauen zu mir!

Menschenkenntnis, Herr Gebhardt!

Komm,
Mäuseken.

SIEG HEIL!
Die Frau hat den Verstand verloren...
Beruhigen Sie sich doch...
Mein Kind hat sich dem Führer geopfert.
HEIL! HEIL! HEIL!
SIIIIEEGGG HEIL!
Nun warten Sie doch!
KREDITE

AAAAAAAA-
AHHHHHH!
Gropa!
Mir ist nichts passiert, aber wir müssen los.
Anhalten! So halten Sie doch an!

Anhalten!
Sagen Sie mir, was soll ich machen? Ich bin ausgebombt, hab alles verloren.
Was? Deutschland befindet sich im Endkampf, und Sie jammern hier rum!
Heulen Sie nicht so!
Aber wo soll ich denn schlafen?
Ohne Gepäck marschiert sich's leichter!

Gropa, warum tun die Flieger so was?
Weil es ihnen befohlen wurde.
Im Wedding scheint es ruhig zu sein.
Sie sind einfach zu weit weg von uns… Könnten sie uns in die Gesichter sehen, würden sie vielleicht erschrecken.
So sehen sie nur Häuser und Steine; keine Menschen.
Hast wohl Angst vor Groma?
Ja!
Da musste nun durch, Mäuseken!
Legen Sie sich ruhig mal hin, Frau Kalinke!
Änne!

AUTSCH!
Weißte, was ich im Keller ausgehalten habe...
Während du mit dem Fahrrad durch die Gegend gegondelt bist?
Ab ins Bett! Los!
Über alles Weitere reden wir später!!!
EL KALINKE

Sie sehen besorgt aus, Frau Gebhardt ...
Ach, Frau Müller, es ist unsere Änne! Sie stellt so viele Fragen...
Machen Sie sich nicht so viele Sorgen, sie ist ein gutes Mädchen...

Heil Hitler, Frau Gebhardt! Mir war, als hätte ich jemanden um die Häuser streifen sehen.
... und die Verdunkelung angebracht. Sie kann sich ja kaum noch bewegen.
Hab der alten Frau Müller Kartoffelpuffer gebracht...

Martha!!!

Hast du denn gar kein Mitleid mit uns, Mutter?
Wir haben einen Fehler gemacht, geglaubt, die Braunen würden uns aus dem Elend erlösen.
Günter ist tot, gefallen in Stalingrad.
Nein, was ihr gemacht habt, war Verrat, und das an der eigenen Familie! Wie kann ich dich ansehen, ohne an Helle und Jutta zu denken?!
Statt das Elend zu beseitigen, haben dein Günter und die Nazis den Krieg vorbereitet.
Sei lieber froh, dass Vater nicht da ist. Der hätte dich erst gar nicht rein-gelassen.
Mami! Ich hab Hunger!
???
Jetzt nicht, später, Siggi!

Hast du erwartet, wir würden dich aufnehmen...

... nachdem du Jutta und Helle...

... verraten hast?

Günter dachte, sie würden nur verhört!
Ist das...?
Ja, das ist Änne, Helles Tochter.

Ich... bin deine Tante Martha, Änne. Wir haben uns noch nie gesehen.
Martha, du gehst jetzt besser!

Änne, weißt du noch, was wir dir von den drei Brüdern erzählt haben?
Ja!
Die hatten auch noch eine Schwester: Martha.
Die war als Kind ein liebes, lustiges Ding.
Dann hat sie diesen Günter kennengelernt. Einen Nazi!
Er war dabei, als deine Eltern verhaftet wurden.
Martha war immer Gropas Liebling, deshalb wird er ihr das nie verzeih'n.

Guten Morgen! Was macht ihr denn hier?
Keinen Kaffee für einen müden Mann?
Haben uns wohl zu viel zu erzählen gehabt, bin eingeschlafen...

Ich hab Mieze angerufen.
Änne, geh doch mal raus!
Nein! Ich bleibe hier!
Wir wissen, was gut für dich ist! Glaub mir!
Tut mir leid, Marie! Das Mädel hat Recht. Sie ist längst zu alt, um vor allem bewahrt werden zu können.
Nach all den Grausamkeiten wird es Zeit, dass sie die andere Seite des Menschseins kennen lernt!
Aber Rudi, sie ist noch ein Kind!
Wollte sie sogar mitnehmen. Außerdem hat Mieze nach ihr gefragt!
Gut, aber du bist zu müde! Ich gehe!

Na schön,
zwei Stunden
Schlaf ist wirklich
nicht viel.
Juchhu!
Ich sehe Tante
Mieze wieder!

Aber musstest du denn mit Mieze telefonieren?
Hab gesagt, die Firma Borsig muss einen ausgebombten Firmengast mit Kleidung versorgen.
Könnte euch jemand abgehört haben?
Du solltest es ihm aber sagen!
Danke übrigens, dass du Gropa nichts von Martha erzählt hast.
TABAK. CIGARR

Sieh mal, Groma! Die Flaks auf dem Bunker. Lehrer Lelek sagt, die schießen alle feindlichen Flieger ab!
Die können so viele Granaten feuern, wie sie wollen! Es sind viel zu viele Bomber!
Ob Tante Martha jetzt in dem Bunker wohnt?
Kann sein, wenn er nicht überfüllt ist.
Da kommt Tante Mieze!
Bleib hier! Keine stürmische Begrüßung!

Mein Gott, Änne! Bist du groß geworden!
Wir haben uns so lange nicht gesehen.
Und... wie gefalle ich dir?
Gut, aber deine Haare sind so anders...
Miezeken! Was biste denn so spät dran?
Weil keine Bahn kam, den Angriff von gestern stecken die so schnell nicht weg.
Habe übrigens alles für Heinz bekommen...

Woher weißt du, dass es Heinz...
Rudi hat doch nicht etwa...?
Nein, keine Angst...
... Rudi hat keine Namen genannt. Hab's einfach gespürt.
Also, die Brille ist so stark, dass er sie nur im Notfall aufsetzen darf. Postausweis und Rasierzeug sind auch in der Tasche.
Woher weißt du, was man alles so braucht...
Bin eben ein U-Boot, das unter Wasser schwimmt...
Hier! Ein paar gebrauchte Lebensmittelmarken aus Kalinkes Laden, für die anderen U-Boote...
Danke, die sind für uns Gold wert.

Und, wann kommste mal wieder in die Ackerstraße?
Dann les ich dir wieder Gedichte von Ringelnatz vor!
Au ja, der ist lustig!
Wenn der Krieg aus ist. Lange kann es ja nicht mehr dauern.
Pass auf dich auf, Miezeken...
Werde mir Mühe geben!

Wieder so 'n Ruinenkletterer! Oder »Kellerassel«, wie Frau Paulig sagt…
Ein Plünderer?
Nein, aber wer weiß, ob die Sauers und Schnipkoweits das auch so sehen.
Ich bring jetzt die Sachen zu Heinz.
Gut, dann fahre ich ein bisschen rum…
Plünderer werden erschossen
… und wenn jemand kommt, pfeife ich laut.

He! Fahr nicht so schnell...
Sonst fliegen mir gleich die Glasknochenscherben um die Ohren.
Du? Was willst du denn schon wieder?
Komm rauf, dann kannste runtergucken!
Aber nur, wenn du das mit den blöden Witzen lässt...

Plünderer
werden
erschossen
Sieh mal,
Berlin, eine Stadt
voller Waren-
häuser...
Hier waren
Häuser...
... und
da waren
Häuser!

Kannste auch was anderes, als immer nur blöde Witze reißen?
Klar!
Ick lernte se als Perle kenn', jetzt geht se mit de Kerle pennen!
Dieter, da...!

In Deckung!
Änne, was ist los?
Bomber!
Keine Angst!

Groma!
Mutter, was ist?
Groma, sag doch was.

Ist sie tot?
Nein, aber am Kopf verletzt.
Änne? Heinz! Was ist los?
Änne muss dich zu einem Arzt bringen!
Das Fahrrad lass ich besser hier, dann sind wir schneller.

Das wird schon, Mutter.
Kommt jetzt, die Luft ist rein.

Ich muss mich hinsetzen, mir ist ganz schwummerig!
Komm Groma, ist nicht mehr weit.
Ein Kranken-wagen!

Aus dem Weg!
Das ist ein
Einsatz!
Warte,
ich kenn
die Kleine.
Änne!
Was ist denn
passiert?
Frau Zernicke!
Kommen Sie
schnell...

Frau Gebhardt! Um Himmels willen!

Ein Mauerstück hat mich verletzt...

Umm, sieht bös aus. Änne, holst du mir die Klammer aus dem Koffer?

Die hier, Frau Zernicke?

Danke, Frau Zernicke...
Gut, dass Änne unseren Wagen angehalten hat.
Danke, Frau Zernicke...

Wir sind gleich da!

Trau mich gar nicht hinzusehen!

MÖBEL EINRICHTUNGEN
Ein Bergungs-wagen...

Lass mich, Änne. Ich muss sehen, was passiert ist.
Obst u. Gemüse
Was ist mit meinem Mann?
Alle im Luftschutzraum sind gerettet!
Der Eingang ist verschüttet, aber wir haben Verbindung.

Eine Frau Müller war allerdings in ihrer Wohnung! Die ist vermisst!
Ruudii!!!

Was ist dir passiert, wo ist Änne?
Änne ist wohlauf.... Wenn sie nicht gewesen wäre...!

Meine Wohnung! Frau Müller... Was ist...
Frau Ehrlich!

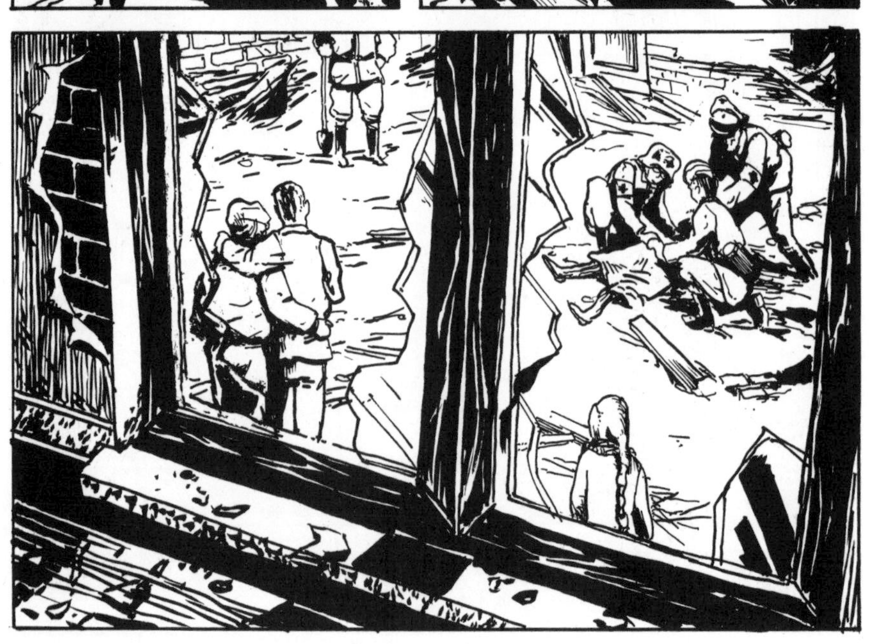

Was ist
mit ihr?
Sie ist tot.
Ihr Herz!
Lasst
mich in
Ruhe!
Änne!!!
Was ist?

Scheißegal, was alle sagen: Ich mach bei diesem Krieg nicht mehr mit! Leg mich ins Bett und stehe beim nächsten Alarm einfach nicht mehr auf!
Änne, was ist los, warst du auch im Luftschutzkeller?
Gab's Tote?

Der erste Frühling

ZWEITER TEIL

27. APRIL 1945
Die Nähmaschinen sind weg...
Also weiter mit der Panzersperre!
Ich habe das Haus zur Festung erklärt!
Jawohl, Herr Leutnant!
Also machen Se mal hin, Herr Sauer!

Warum müssen wir alten Männer noch im Endkampf eingesetzt werden?
Hedgehoppers
Tieflieger sind keine Nähmaschinen, das sind Mähmaschinen...

Das klingt doch wie...
Deckung!

Sauer?
Hilfe! Helft mir doch!
Was gibt's?
Mein Arm!
Er ist gebrochen!
Ich hab's genau gesehen! Das war Absicht! Das heißt: Standgericht!
Quatsch! Das war der Luftdruck!

Verdammt. Das Pferd hat's erwischt.
Der Mann hat Schmerzen. Er muss versorgt werden.
Jetzt haben Sie sich nicht so. Der Deutsche hat einen eisernen Willen.
Dann rufen Sie Frau Zernicke. Die anderen Frauen können sich ein Stück Fleisch holen.

Was hast du, Änne?
Ich kann das nicht, Frau Bärwald. Mir ist ganz schlecht.
Dann hilf Frau Zernicke.
Aah! Tut das weh!
Ich muss den Ärmel abschneiden.

Der Arm muss erst gerichtet werden.
AAAHH!
Mein Heiner!
Was erlauben Sie sich! Ich bin nicht Ihr Heiner, verstanden?
Was?!

Wie reden Sie denn mit Mutter Schenck? Die arme alte Frau ist doch ganz verwirrt! Sie wohnt seit ein paar Tagen in unserer Dachkammer...
Ihr Sohn ist seit Jahren in Russland verschollen! Jetzt hält sie alle jungen Männer für ihren Heiner.
Na gut, dann bringen Sie sie wieder in den Keller!
Änne! Kümmer dich bitte um Mutter Schenck.
Das war nicht mein Heiner?
Kommen Sie, ich helfe Ihnen...

Die Russen brauchen 32 Minuten, um die Sperre zu durchbrechen. Eine halbe Stunde lachen sie, in zwei Minuten räumen sie alles weg.
Ich Frage mich die ganze Zeit, wie es wohl Heinz und Mieze geht...

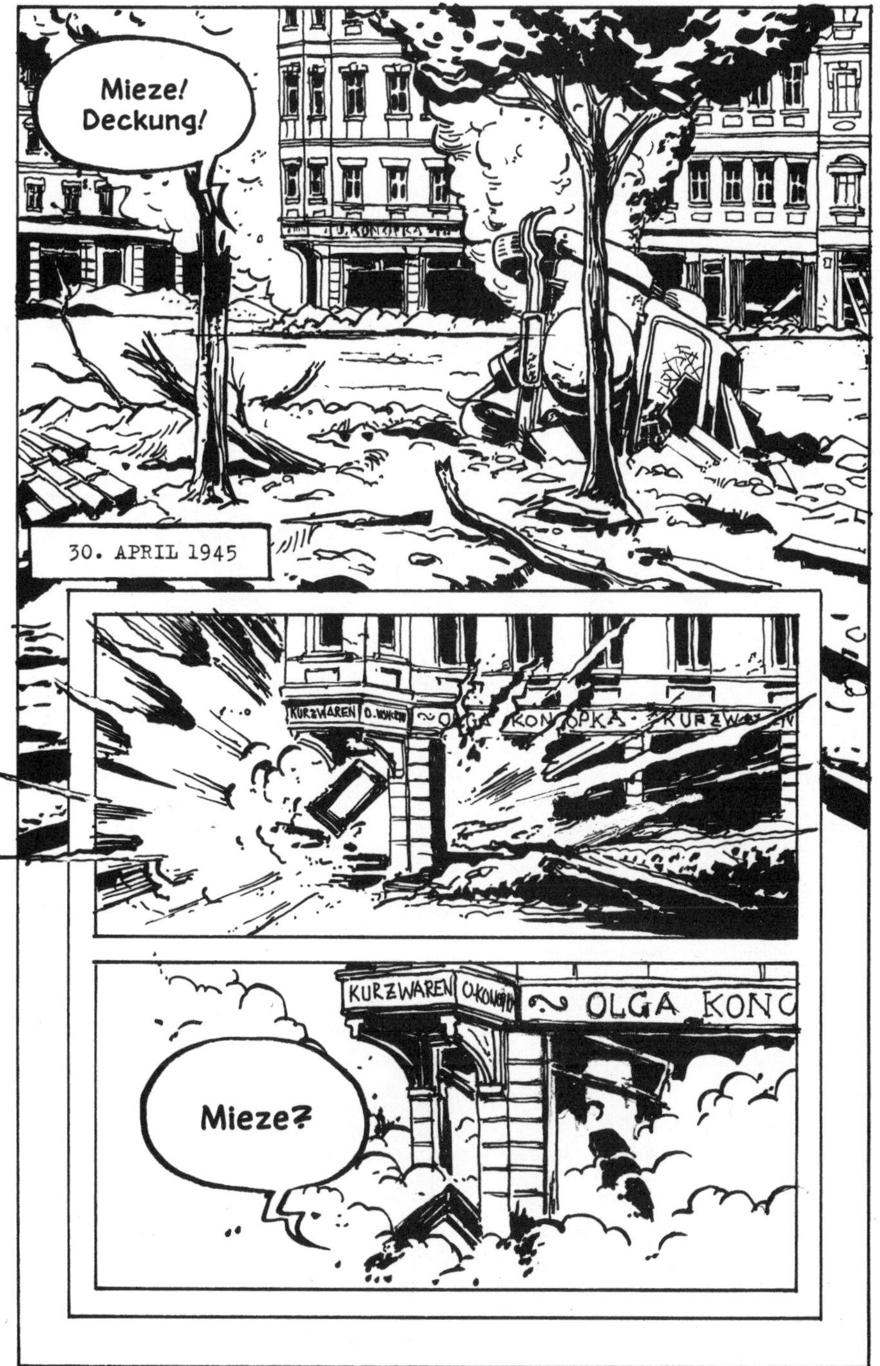
Mieze!
Deckung!
30. APRIL 1945
KURZWAREN
Mieze?

Jetzt komm schon, Olga! Da ist nichts mehr zu retten!
OLGA
Wenn alles verbrennt, können sie auch keine Falschen Pässe mehr Finden...
Im U-Bahnhof sind wir erst mal sicher!

Ahh...
Sie sind Schwede!
Wir haben doch einen
Sonderbunker für
Ausländer...
Was machen
sie mit ihm?
Gleich hier
rechts.
Sie beseitigen
die Zeugen.

Los, schnell, bevor sie deinen Pass sehen!

Sie fluten den Schacht!

Es steigt immer schneller...
Da vorne ist ein Bahn-hof...
Mieze! Hilfe!
Ich kann nicht schwim-men...

Olga!!!
Los, kommen Sie! Ich hol Sie noch...
Olgaaaa!
Verdammt, sie ist weg!
Komm jetzt, Mädchen!

Wo sind wir hier?
Stettiner Bahnhof! Lasst mich. Ich muss mich ausruhen.
Sie können hier nicht bleiben!
Bitte...
Tempo! Wir müssen weiter!
Olga!

Ich kann nicht mehr!
Schnell! Hier rein!
HALT!
Ahhh! Drückeberger!
Sold-bücher raus, aber zackig!!!

Tetzlaff! Sie Laschmann! Was machen Sie da?

Ich, ääh...

»... beendet diesen verbrecherischen Krieg!«
Sie waren das immer? Mensch, hauen Sie bloß ab!
Herr Sauer?
Das bleibt unter uns, verstanden?
Jawohl, Herr Sauer!

Groma, ich muss mal!
Kind, du kannst erst in den Hof, wenn es dunkel ist!
Ich muss aber jetzt...
LEBENSMITTEL KALINKE
1. MAI 1945
Dann nimm halt den Eimer auf dem Gang!

Der stinkt
aber so ekelig!
Außerdem
hab ich Hunger!
Mäuseken,
wir haben alle seit Tagen
nichts gegessen!
Ja, seit
der Gaul auf-
gegessen ist!
Ich hab
seit Tagen
keine Milch
mehr...
Frau
Paulig...

Ich kann ja versuchen, was aus Kalinkes Laden...
Junge, die Russen sind auf der anderen Straßenseite, die knallen dich sofort ab!
Sauer! Was machen Sie da?
Ich reiße die ollen Propagandaplakate ab! Braucht doch keiner mehr!
Sie Defätist, Sie!!!
Was regen Sie sich denn so auf?
Sie sind ein Verräter, Sie...!

Mein Herz!!!
Was soll das denn?
Herr Schnipkoweit!
Er hat Recht...
Sie werden schon sehen! Der Iwan steckt alle in die sibirischen Bergwerke und macht die Frauen zu Kasernenhuren...
... mich haben sie fünf Mal geschändet!

Meine Tochter
war so alt wie du,
als sie von den Russen
verschleppt wurde!
Hoffe,
dass sie
noch lebt!
Auf der Flucht von Schlesien haben
die russischen Tiefflieger so viele
Männer, Frauen und Kinder in
unserem Treck erschossen,
dass der Schnee ganz rot war...
... und dann sind wir dem Iwan
in die Hände gelaufen.

Meinen Sohn haben sie
vor meinen Augen umgebracht,
und das Erschießen und
Vergewaltigen fing von vorn an...
Wie man in
den Wald hineinruft,
so schallt es heraus.
So geht's nun mal zu
in unserer schönen
Menschenwelt.

Vielleicht ist der Krieg ja schon vorbei und nur unser Leutnant spielt verrückt?
Pssst!
Hier kommt Verstärkung!
Sie haben die Pichelsdorfer Brücke verteidigt!
Sollen sich jetzt erst mal ausruhen!

Na denn, auf gutes Wiederseh'n, Herr Leutnant.
Wie viele Jungs seid ihr denn da gewesen?
Ungefähr fünftausend.
Und wie viele haben überlebt?
Vielleicht fünfhundert. Wir hatten nicht genug Gewehre und nachher auch keine Panzerfäuste mehr. Darum sind wir weg- gelaufen.

Ihr müsst euch nicht entschuldigen.
Wir haben drei Tage lang auf die versprochene Ablösung gewartet.
Dann hat unser Jungzugführer Abmarsch befohlen.
Ein SS-Mann hielt uns auf. Er hat den Jungzugführer wegen Fahnenflucht aufhängen lassen.
Wie alt war er denn, euer Jungzugführer?
Fünfzehn, wieso?
Schwester!
Ich bin verwundet...

Warten Sie, ich komm ja schon!
Mein Heiner!
Ich heiße nicht Heiner!
Frau Schenck! Ihr Heiner muss doch bald fünfzig sein...
Die Kugel krieg ich nicht raus!
Soll ich etwa hier verrecken?

Mal sehen, was sich machen lässt!
Warum lasst ihr den Führer seinen Endkampf denn nicht im Garten der Reichskanzlei führen?
Habt ihr Angst, die Russen zertrampeln den Rasen?
Hab die Erschießungen und Massengräber gesehen. Lieber beiß ich ins Gras als...
Wenn die anderen so mit uns umspringen wie wir mit ihnen...
Was sollen diese Schauermärchen? Seien Sie bloß still! Sonst melde ich Sie Ihrem Leutnant!
Es ist so weit, Jungs! Der Führer ruft euch!

Wir sind nur noch zu fünft. Wir brauchen jetzt jeden...
Und Sie mit der Brille kommen auch mit!
Alle anderen bleiben im Keller!
Aber, ich...
Das ist ein Befehl!

Der Iwan hat sich auf der anderen Straßenseite fest-gesetzt.
Wir müssen uns mit allen Mitteln verteidigen.
Hier haben Sie ein Gewehr. Sie bleiben bei Michael!
Aber ich hab noch nie ge-schossen.
Schießen kann doch jeder.

Ähh?!

Jetzt du!

AUTSCH!
Auwei! Das ist hin!

Was war das denn? Wollen Sie uns umbringen, Sie Schlappschwanz?
Das Gewehr ist einfach explodiert!
Sie verdammter Versager! Ab in den Keller!
Zu Befehl, Herr Major!

Frau Paulig! Sie sind aber mutig...
Brauch doch saubere Windeln.
Nix mehr zu essen, alles leer!
Mäuseken, leg dich wieder hin.
Achtung, der Leutnant!
Sie haben meinen Befehl nicht befolgt! Sollen die Russen etwa glauben, wir hätten weiß geflaggt?

Erschießen Sie mich doch! Und meinen Sohn gleich mit! Ich kann ihn sowieso nicht mehr ernähren.
Was für ein feiges Gesindel. Ihr seid es wert, dass der Russe über euch kommt.
Wenn nicht bald was passiert, ist Kläusken verhungert!
Heiner? Nee, du bist nicht mein Heiner.
Frau Paulig, ich versuche, draußen was zu organisieren.

Aber Kurtchen,
das ist viel zu
gefährlich!

Vielleicht finde ich
was in der Bäckerei.
Da ist der Russe
noch nicht.

Heute Morgen war alles still, wir sollten nachsehen gehen.
Wir legen uns jetzt weiße Armbinden an.
Sie haben Recht. Irgendwann muss Schluss sein...
Damit die Russen sehen, dass wir uns ergeben!
2. MAI 1945
Sie auch, Herr Schnipkoweit. Und wenn nicht, dann bring ich Sie eigenhändig um, das schwöre ich.

Oh Gott!
Das ist einer von den Pimpfen!

Beeilt euch, in fünf Minuten sind die Russen hier!

Aber Herr
Leutnant!
Christa,
Christa!
Neeein!

Warum hat er das getan?
Ich weiß es auch nicht.
Wer wohl diese Christa war?
Sei still und setz dich endlich hin!

Aua...! Du tust mir weh, lass das, Groma...
Jetzt halt endlich den Rand! Was glaubst du, was die Russen mit dir machen, wenn sie sehen, dass du ein Mädchen bist?

Ich
bin ganz
hässlich...
Hab dich nicht so...
du kannst deine Weiblichkeit
noch verstecken... und die
Haare wachsen wieder.
So, und jetzt
ziehst du die an!
Die hat schon dein
Vater getragen!
Was?
So was
kann ich
doch nicht
anziehen!

Na bitte! Ein echter Lausbub!
Aber Groma, das glaubt mir doch niemand!
Noch ein bisschen Ofenruß... schlurfender Gang... wirst sehen, das merkt keiner! Und jetzt schnell zu den anderen!

Stoi!!!
Halt!
Dawai! Dawai!
Der Junge kann
gleich helfen.

Sie Faschist?
Zu Befehl, nein!
Frauen jetzt schlafen. Männer helfen aufräumen.
Schlafen? Mein Kind stirbt vor Hunger!
Hier! Keks!
Danke! Hoffentlich nimmt er die...

Was wollen Sie, Sauer?
Pst, Gebhardt! Geb ja zu, hab mich geirrt...
Aber wir Deutschen müssen doch jetzt zusammenhalten.
Sauer, Sie sind ein Schwein! Aber ich bin kein Denunziant!
Hab den Russen auch nichts über Ihren Enkel gesagt.
Dawai! Nicht sprechen! Rabotti!
LEBENSMITTEL KALINKE

Der Arm! Sie waren Soldat?
Ja, im ersten Krieg.
Deutsche Männer lieben den Krieg?
Das würde ich nicht sagen.
Was würden Sie sagen?
Haben Sie so viel Zeit? Über unsere Kriege zu sprechen, das dauert drei Wochen.
Gutt! Wir haben viel Zeit! Später. Krieg kaputt. Hitler kaputt. Jetzt aufräumen.

Mein Enkel hier hat Glasknochen. Sagt der Doktor. Ist zu schwach für schwere Arbeit. Bitte lassen Sie ihn zu seiner Großmutter.
Mmmhhh!
Gutt! Zu Babuschka! Schnell!

Am 30. April 1945
hat der deutsche Führer das
deutsche Volk im Stich gelassen.
Mit dem heutigen Tage hat Berlin
kapituliert. Jeder weitere Kampf ist
daher sinnlos und verlängert nur
die Leiden der Zivilbevölkerung.
Ich wiederhole: Am 30. Apr...
BRIESECKE
Dieter? Was willst du denn?
Na, was wohl? Tragen helfen?

Na dann, Führer befiehl, wir folgen.
Der Führer ist doch tot.
Sei still! Oder willste uns alle nach Sibirien bringen?
Komisch! Vor 'n paar Tagen hätten Se mich dafür noch unterm Kinn gekrault.
Hat Onkel Heinz dich geschickt?
Ich soll gucken, ob die Luft rein ist.
Er kann ruhig kommen.

Wovon habt ihr die ganze Zeit gelebt?
Trau dich – klau mich! Und das Beste aus dem Hause Mülltonne.
Uuuääähh!
Tja, kackste mir aufn Teller, schieb ich nur die Kartoffeln näher ran, damit se länger warm bleiben.
Wer ist denn die Holde mit dem Zopf?
Das ist doch...
...Tante Mieze!
Änne?

Na, denn will ich mal Heinz Bescheid sagen, dass die ganze Familie schon auf ihn wartet.
Wenn du zurückkommst, vergiss mein Fahrrad nicht!

Wären wir bloß nicht in die U-Bahn gerannt! Dann würde Olga noch leben.
Woanders hätte euch auch was passieren können.
Na, alle da?
Heiner?
Mutter!
Heinz, mein Sohn!

Heinz,
nicht Heiner!

Endlich
Frieden!

Da ist wer
im Treppenhaus!

Germanski
Soldat?

Ich konnte nicht lügen! Alle haben dich gesehen.
Ich bin Jüdin! Jewreka!

Jewreka alle tot.
Nicht alle!

Ich auch Jewrej.

Mieze...
Mach's gut, Heinz!

Sie suchen überall nach Wehrmachts-angehörigen...
Sie sollten sich was schämen!
Was macht ihr mit meinem Sohn?
Sie werden ihn in ein Kriegs-gefangenenlager stecken.
Rudi, vielleicht solltest du zum Major gehen...

Frau Matthay! Was machen Sie da?
Ich... will nicht mehr leben...
Nein!

Schto...
Marie! Änne!
Rudi, so schnell...?
Die Russen sind schon unten im Flur!
Wollen die etwa zur Paulig?
Ich geh nachsehen!

Du bleibst oben! Und schieb was vor die Tür!
Hilfe!
Lassen Sie die Frau in Ruhe!
Lisa!

Argh!

Rudi! Nein!

Einen Einarmigen zu schlagen...

Heiner?

Was...?
Durak!

Da!
Für dich!
Was soll ich
damit?
Oma
Schenck?

3. Mai 1945
Danke Für das Essen, Herr Major. Aber wo ist unser Sohn?
Im Lager. Wie lange? Man wird sehen.

Deutsche Soldaten in Russland haben kein Essen verteilt.
Meine Brüder sind gefallen. Meine Schwester, 14 Jahre, wurde verschleppt. Wohin?
Ich weiß nicht. Mein Elternhaus die Deutschen haben niedergebrannt.
Meine Mutter ist mitten im Winter nach Leningrad geflüchtet…
Bestrafen Sie die Schuldigen! Aber wozu diese furchtbaren Vergewaltigungen?
Bleiben wir bei Leningrad!

Meine Muter ist auf der Straße verhungert...
... wie eine ganze Million anderer Leningrader...
... und was machen wir?
Ich würde Ihren Soldaten so gern danken. Sie haben uns von Hitler befreit. Aber jetzt habe ich wieder Angst. Sind Sie gekommen, um sich zu rächen?
Wir haben Suppe aus-geteilt!

Wissen Sie, was wir fanden... in Maidanek, Treblinka, Auschwitz? Leichenberge! Wir haben ein Land von den Barbaren befreit!
Ich kann ja verstehen, wenn Ihre Soldaten uns hassen. Aber soll der Krieg denn immer weitergehen?
Außerdem haben Ihre Männer doch nur ihr Vergnügen gesucht.
Komm, wir bringen Lisa was zu essen.

Was machste mit der Kaffee-mühle, Lisa?
Wollt mir 'n Kaffee machen. Hab aber keinen mehr.
Kaffee habe ich auch nicht. Aber was zu essen.
Von den Russen?
Ja. Aber du musst jetzt an Kläuschen denken.
Dieser Ekel in mir! Ich möchte kotzen und kotzen…

Vielen anderen Frauen geht es auch nicht besser...
Bauen Sie immer noch an Ihrer Hütte?
Irgendwo muss man ja wohnen. Haben Sie sich denn endlich was zu essen geholt?
So weit kommt's noch, dass ich beim Iwan bettel!

LINKE
Änne?

Kurtchen!

Wo warst du?
Im russischen Lazarett.

Und die haben dich einfach wieder laufen lassen?
Als sie mich gefilzt hatten, haben sie die hier gefunden.
Ein Flugblatt! Hast du das geschrieben?
Klar. Dann hat mir der Offizier einen Passierschein ausgestellt. Damit nicht andere Russen mich verhaften.
Sieh mal, da drüben!
Französische Zwangsarbeiter... wie die sich freuen!
Wink doch mal! Die sind frei und gehen nach Hause!

Änne! Aufstehen! Ich muss weg, Frau Kalinke helfen! Weckst du bitte Mieze auf?
Guten Morgen, Mieze, bist ja schon wach.
20. Mai 1945
Sag mal, Mieze... warum hast du dem Soldaten gesagt, dass du Jüdin bist.
Weil's wahr ist!
Eigentlich bin ich ja Halbjüdin, aber mein Vater hat immer gesagt: Man macht keine halben Sachen.

Aber du siehst gar nicht so aus wie die Juden, die uns Lehrer Lelek gezeigt hat...
Mit Hakennase und so? Ist doch Quatsch!
Du kennst doch den Goebbels. Mit Schläfenlocken sieht der auch aus wie 'n Jude.
Warst du eigentlich mit Onkel Hans verheiratet?
Nein. Aber wir haben einige Zeit zusammengelebt.
Warum habt ihr nicht geheiratet?
Hans wollte mich nicht in Gefahr bringen.
Eine Halbjüdin und ein Mann im Widerstand Die hätten mich au jeden Fall verhaftet.

Und was ist mit Onkel Hans passiert?
Er wurde gefasst und hingerichtet.
Hans' Gruppe hat Munitionszüge entgleisen lassen, Maschinen gesprengt, Verfolgte versteckt.
Und warum hast du dich so lange versteckt...
... wenn ihr gar nicht verheiratet wart?
Weil ich für Hans weitergemacht habe...
Ich muss jetzt los. Wenn du willst, guck doch mal in die Dose da. Da sind Briefe von Onkel Hans drin. Und auch von deinem Vater.
Kannst du nicht heute mal zu Hause bleiben?
Hab mich freiwillig zum Schutträumen gemeldet...
Muss ja mal wieder alles in Ordnung kommen!

Änne,
was machste
denn noch hier
oben?
Hab
Briefe gelesen.
Von Onkel Hans.
Kind, was belasteste
dich denn damit?
Überlass das doch den
Erwachsenen.
Hier ist ein Brief
von Frau Kalinke
an ihre Schwester.
Die Post soll wieder
offen haben. Gehst
du mal hin?

Hab noch gar nichts gefrühstückt…
Na komm, ich mach dir 'ne Mehlsuppe.
Hier, aber schling nicht wieder so!
Falls was is, bin bei Frau Kalinke.

Änne?
Ich... ich bin dein Vater...
Ich weiß!
Jetzt muss ich heulen und hab kein Taschentuch...

Nimm einfach meins...
Danke.
Das auf der Hand sind Hungerödeme, aber die gehen wieder weg.

Kann mir denken, wie dir zu Mute ist. Hab auch mal so was erlebt... War auch kaum dreizehn, da kam mein Vater aus dem Krieg...

Ich bin erst zwölf-
einhalb...

Denkste, ich hätte deinen Geburtstag vergessen?

Keinen einzigen!

Da, diese Trillerpfeife habe ich für dich geschnitzt, als du fünf wurdest... Jetzt... jetzt brauchst du sie ja nicht mehr.

Helle...
Mein Junge!

Der erste Frühling

DRITTER TEIL

Hat prima geschmeckt, Mutter!
Quatsch, Helle! Das waren Buletten aus Kartoffel-schalen...
Ich geh dann jetzt besser...
Mieze, bleib doch! Gehörst doch zur Familie!

Wäre ja gerne früher gekommen. Aber nach der Befreiung musste ich erst ins Lazarett. Die meisten sind gestorben. Ich habe überlebt.
Die Zähne haben sie mir im Laufe der Zeit ausgeschlagen. Einen nach dem anderen.
Ach Junge, das kriegt der Zahnarzt wieder hin.
Hab schon gar nicht mehr daran gedacht, wie schlimm das aussieht.
Willste nicht ein bisschen reden? Hat mir auch immer geholfen.

Ich war im Lager Buchenwald. Wie viele Häftlinge die Nazis dort gefangen hielten, weiß ich nicht. Täglich wurde gefoltert und gemordet. Immer qualmte der Schornstein des Krematoriums. Unser einziger Weg in die Freiheit, sagten wir immer.
Ich weiß auch nicht, wie viele Kameraden ermordet wurden. Mit vielen hab ich mich angefreundet. Wir haben unsere Adressen ausgetauscht, damit die Überlebenden den Familien berichten können.

Anfang des Jahres gab es Gerüchte: Die Front rücke näher. Die Wachmannschaften wurden nervöser. Immer wieder wurden Häftlinge abtransportiert, mitten im Winter, in offenen Waggons.
Dann flüsterte mir Erwin Specht zu, dass die SS-Leute eine Todesliste hätten. Ich stünde auch drauf. Bevor die Amis einmarschierten, sollten wir erschossen werden.
Also versteckte ich mich bei den russischen Kameraden. Block 12 galt als Strafverschärfung. Da ging keiner freiwillig hin.

Sechsundvierzig Namen wurden ausgerufen, aber nur einer trat heraus. Zum ersten Mal waren wir der SS gegenüber im Vorteil. Finde mal 45 kostümierte Skelette zwischen zwanzigtausend anderen genau gleich kostümierten Skeletten.
Nein, kein Einziger wurde gefunden, und danach wagte sich die SS nur noch schwer bewaffnet unter die Häftlinge. Es wurde gemunkelt, die SS würde das Lager lieber zusammenbomben als übergeben. Am 10. April hörten wir dann zum ersten Mal Geschützdonner. Mittags dann: Feindalarm! Das hatte es noch nie gegeben. Die Häftlinge kamen aus den Baracken. Ich ergatterte sogar ein Gewehr, und die Wachen ergaben sich überraschend schnell.

Später
sprach ein Häftling
über Lautsprecher...
Kameraden!
Wir sind frei!
Tja, und da,
da hab ich mich in den
Dreck geworfen und
nur noch geheult!
Zwei Tage später
haben wir das Lager
den Amerikanern
übergeben...

Sie haben sich alles angesehen und uns Dinge gezeigt, von denen nicht mal wir alten Lagerhasen eine Ahnung hatten.
MP
Das sind Lampenschirme und Buchstützen aus Menschenhaut!
Helle! Bitte!
Tut mir leid. Hätte gern was Netteres erzählt.
Aber die braven Bürger von Weimar, denen die Amis das Lager zeigten, sagten, sie hätten von nichts gewusst.
Woher auch? Wer nichts sehen will, sieht nichts, wer nichts riechen will, der riecht nichts. Ich kann verstehen, dass die Russen die Deutschen hassen, wenn sie so ein Lager gesehen haben.

Haben sie dich auch gefoltert?
Ja. Vor allem im Gefängnis.
Und warum?
Sie wollten Namen wissen. Wer welche Aktionen durchgeführt hat und so.
Und, hast du sie verraten?
Das nicht... Aber ich bin kein Held, wollte mich nicht tot-schlagen lassen. Ich hab geredet und geredet und jede Menge Namen genannt. Allerdings lauter Falsche.
Und was haben sie mit dir gemacht?
Später, Änne. Das erzähle ich di alles mal später..

Du hast nicht einmal von Genossen gesprochen, immer nur von Kameraden.
Biste denn kein Kommunist mehr?
Was denn sonst?
Im Lager gab's die unterschiedlichsten Überzeugungen... die konnte ich nicht alle Genossen nennen, Kameraden aber schon.
Und glaubste etwa, eure Träume erfüllen sich jetzt?
Ich hoffe es!

Helle! Mit einem Stalin kannste alles aufbauen, nur keinen Sozialismus!
Das haste doch früher schon gepredigt. Fangen wir jetzt von vorn an?
Was denn sonst?

21. MAI 1945

Guten Morgen! Biste schon lange wach?

Ja, und die Suppe ist für dich!
Was machste denn für 'n nachdenkliches Gesicht?

Was ist
das denn für
eine Nummer?
Das bin ich.
Häftling Nummer
171432.
Jeder im Lager
hatte so eine ein-
tätowierte Nummer,
falls einer versucht hätte
zu fliehen. Diese Nummer
gehört jetzt zu mir wie
ein Muttermal.
171432
Die geht nicht
mehr ab, begleitet mich,
bis ich alt und grau bin...
Tach,
Helle!
Lutz!
Was willst du
denn hier?
Mit
dir reden.
Raus hier!

Du musst mir helfen, Helle. Ich könnte für die Russen arbeiten. Aber die nehmen bloß Anti-Nazis. Wenn einer wie du für mich bürgt...
Und hier, ganz was Feines! Ölsardinen! Deine hübsche Tochter hat doch bestimmt Hunger.
Raus, hab ich gesagt!
Brauchst nicht mal zu lügen. Hätte deiner Tochter ganz schön Ärger machen können. Kommunistenfamilie erzieht Kommunistenkind.
Vergiss deine Sardinen nicht!
Na gut! Aber du wirst dich noch wundern. Deine Russen haben auch Lager!

Lutz hat früher mal hier gewohnt. Mit Sauer und anderen SA-Leuten hat er deinen Onkel Hans halb tot-geschlagen.
Er war bei den Nazis. Jetzt schimpft er auf die Russen, will aber für sie arbeiten...
Wer ist der Junge mit der schönen Jacke?
Änne!
Das ist Dieter, der sich mit Onkel Heinz versteckt hat.
Geh man zu ihm! Ich brauch noch Zeit!

War das
am Fenster eben
dein Vater?
Guten Morgen,
Herr Schnip-
koweit!
Ja. Er hat
viel Schlimmes
erlebt.
Und,
kommste mit
ihm klar?
WOLL
LEBENSMITTEL KAHNKE
Mann!
Der sieht
ja ganz ver-
hungert aus!
Ich nehme kein
Essen von den Russen!
Das wäre Verrat am
Opfer meiner
Söhne.

Sollen wir uns auch 'ne Suppe gönnnen?
Kannst ja hingehen, ich warte so lange.
Das fällt auf. Na denn, 'ne schlanke Figur hält jung und unternehmungslustig...
Stoij!
Wat denn? Die Jacke? Nee, die behalt ick. Ich besorg dir 'ne andere.
Diebe seid ihr! Gemeine Diebe!
Njet! Tauschen gegen andere Jacke und Wodka!

Wat soll ick denn damit?
Die klauen einem noch den Bauchnabel, wenn man nicht aufpasst!
Und was machste jetzt so?
Hab 'n paar Leute kennengelernt… bei denen wohn ich…
Ich dachte, du wohnst bei deiner Familie.
Nee. Mein Alter ist so was von einem Nazi…
Wir haben uns nur noch gestritten, und da bin ich abgehauen. Inner Sperrstunde bin ich rumgerannt, bis ich Axel traf.
Der verkauft Zeug auf dem Schwarzmarkt, und der hat mich mitgenommen.

Der hat sogar 'ne Pistole, 'ne amerikanische Browning.
Benutzt er die etwa auch?
Wenn's sein muss, warum nicht?
Ich dachte, du wolltest nicht mehr Soldat sein und auf Leute schießen.
Ist doch nicht meine Schuld, dass wir nichts zu fressen haben.
Tja, muss dann wieder los!

KALINKE
WOLLE
... mein Abschiedsgeschenk!
Hier, nimm die Jacke!
Zur Erinnerung!
Ja, äh...
Bleib übrig!
Na dann tschüs!

Was...?
Herr Schnipkoweit!

Groma!

Verdammt!

Oh, mein
Gott!

So viel
Geld...

Änne!
Was ist
passiert!
Der
Schnipkoweit...
Er... er hat sich
aufgehängt!
Los, geh
schon mal
nach oben!

Onkel Heinz?
Änne!
Onkel Heinz! Ich freu mich ja so! Wie haste das denn geschafft?
Tante Mieze hatte mir doch was zugesteckt, das waren goldene Manschetten-knöpfe...
... damit konnte ich den wachhabenden Offizier bestechen!
Gab's denn da keine Wachtürme, Posten und so?
Nee, war alles nur provisorisch.

Haben sie dich auch gefoltert?
Nein, wie kommste denn darauf?
Nur so, hätte ja sein können.
Die sperren da aber nicht nur Nazis ein! Hab dreizehnjährige Hitlerjungen getroffen. Alte Männer. Junge Mütter. Alles »Kriegsgefangene«.
Die Russen schlagen nur zurück!
Biste dir da ganz sicher? In Polen sind sie auch einmarschiert. Genau wie Hitler.
Aber Hitler ist nun mal in die Sowjetunion einmarschiert! Nicht umgekehrt!
Was wir getan haben, dafür gibt es keine Entschuldigung! Aber für die Verbrechen der anderen gibt es auch keine.

Schönen Gruß vom Sauer. Ich soll zur Begrüßung etwas Suppe bringen.
Vom Sauer?
Ja, er bringt immer was zu essen mit. Er arbeitet in einer Fabrik, die aus Tellerminen Töpfe macht.
Der Sauer als Antimilitarist?
Er denkt, dass die Russen die Deutschen umerziehen wollen. Will nur noch Ja und Amen sagen, um seine Ruhe zu haben.
Das hat er doch immer schon getan!
Der ändert sich jetzt. Er wohnt bei mir in der Küche. Seine Wohnung ist ausgebombt und die Bude im Hof nicht dicht zu kriegen.
Und ich, ich hab einen Mann im Haus, falls die Russen noch mal kommen.
Der Major kommt! Versteck dich, Heinz!

Sind alle da?
Das ist gutt!

Hier ist,
wie sagt so man...
Besuch für Sie.
Für uns?
Wer soll das sein?

Onkel Heinz!
Änne? Was ist, ich muss weg!
Ich habe da was, was Dieter gehört!
Das sind über 2000 Mark... Alles aus der Jacke?
Ja, aber ich weiss nicht, wo Dieter jetzt hin ist.
Heinz?

Du hast es geschafft!
Mit deiner Hilfe! Aber jetzt sind die Russen wieder da!
Dann solltest du dich beeilen. Pass auf dich auf.
Frau Paulig, gehen sie schon wieder?
Ja, muss nach Kläusken sehen...

Na denn, guten Abend noch.
Du musst Helles Tochter sein.
Ich bin die Rieke!
... kam mit einem Militärflieger von Moskau. Ich soll die neue Stadtverwaltung mit aufbauen. Vom Major weiß ich, dass es die Ackerstraße 37 noch gibt.

Und wo ist euer Jüngster?
Der war gerade noch hier... und ist hinter eurem Rücken raus...
Wozu das... Theater? War doch alles nur ein Irrtum.
Sind die dreizehnjährigen Pimpfe im Lager auch nur ein Irrtum?
Gerade die waren doch von den Nazis aufgefordert, bis zum letzten Blutstropfen zu kämpfen!

Willst du mir was über Nazis erzählen?
Helle, hilf doch mit! Alle, die unter den Nazis gelitten haben, sind aufgerufen, ein neues Deutschland aufzubauen. Die Menschen sind formbar!
Formbar? Die Nazis haben auch andauernd Menschen geformt und umgeformt. Jetzt kommt ihr und macht dasselbe. Bis gestern haben die Deutschen an Hitler geglaubt, ab morgen sollen sie wohl an Stalin glauben?
Prima erkannt! Und wie lautet deine Patentlösung?
Hab keine Lösung... und es dauert wohl noch 'ne Weile, bis ich mich in dieser Welt zurechtfinde.
Und du, Mieze? Eine Verfolgte, die den Dreck wegräumt? Willste nichts anderes machen?
Als Mädchen wollte ich mal Fotografin werden. Wenn ich einen Fotoapparat hätte, könnte ich die Trümmerwelt aufnehmen.
Für später. Damit wir nie vergessen, wie es aussieht nach einem Krieg.

Einen Fotoapparat kann ich bestimmt auftreiben. Vielleicht steckt ja 'ne Meisterfotografin in dir.
Hier sind drei Karten für ein Konzert der Roten Armee! Ist allerdings schon morgen.
NZERT
Darf ich da hin?
Ich war noch nie in einem Konzert…
Aber vorher machen wir noch eine feine Dame aus dir!

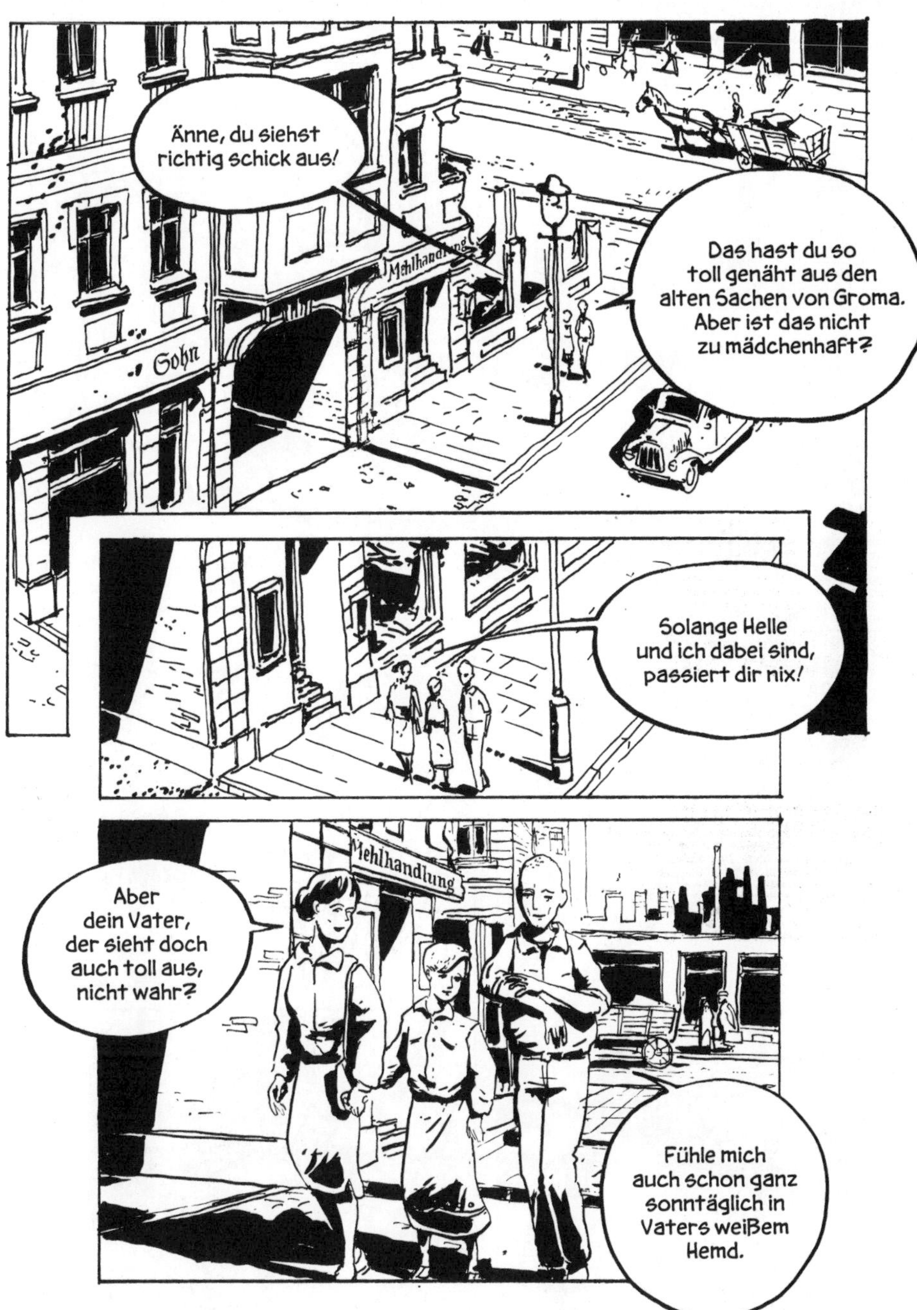
Änne, du siehst richtig schick aus!
Mehlhandlung
Sohn
Das hast du so toll genäht aus den alten Sachen von Groma. Aber ist das nicht zu mädchenhaft?
Solange Helle und ich dabei sind, passiert dir nix!
Mehlhandlung
Aber dein Vater, der sieht doch auch toll aus, nicht wahr?
Fühle mich auch schon ganz sonntäglich in Vaters weißem Hemd.

Da ist das alte Kino...
hoffentlich sind wir nicht schon zu spät.

Los, Änne,
du in die Mitte...

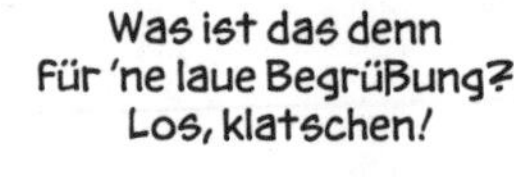
Was ist das denn
für 'ne laue Begrüßung?
Los, klatschen!

Hört ihr, sie fangen an!
Es ist so schön. Von wem ist denn die Musik?
Erst Beethoven, nun Tschaikowsky...

Och, schon vorbei!
Mit einem Grammofon könnten wir uns die Musik immer wieder anhören.
Die Musik hat für einen Augenblick die Ruinen weggezaubert.
Ja, aber das Leben geht weiter und wird nicht leicht.
Komisch, beim Konzert musste ich immer wieder an unsere lustigen alten Sprüche denken. Kennste auch welche, Änne?
Nee!
So was wie: Meine Mutter hat gesagt, sauer ist nicht süße, nimm dir keene Bauernmagd, die hat krumme Füße. Nimm dir eine aus der Stadt, die 'ne schlanke Taille hat!

Das ist
ja witzig. Kennste
noch mehr?
Warte.
Ich hab auch
einen:
Wenn eener eene jern hat,
und kann se jut verknusen,
und wenn se och 'nen
Buckel hat...
... denkt er,
det is ihr
Busen!

Wo bleibt ihr denn?
Och, wir gehen noch mal Luft schnappen...
Aber dann erzähl ich Groma und Gropa alleine von dem Konzert.

Nanu? Alle ausge-flogen?
Bin immer noch ganz müde...
Oh ... Änne?
Ich... ich muss mal!

Morgen, Mäuseken. Wollen wir drüber reden? Ich meine, über Mieze und mich?
Neee...
Wie du willst. Dachte nur, Reden ist besser als Schweigen.
Hallo. Bin ich hier richtig bei Rudi Gebhardt?
Sind sie vielleicht Helmut? Juttas Mann?
Ich bin der Sohn. Kann ich was ausrichten?
Dann bist du Änne, was?

Ich habe über ein halbes Jahr mit Jutta in einer Zelle gesessen.
Wissen Sie, wie sie gestorben ist?
Soll ich das vor dem Kind erzählen?
Ja! Sie soll es hören.
Los, du, komm raus!
Deine Mutter war eine sehr tapfere Frau...

Die von der SS hatten so ein Spiel. Sie befahlen den Frauen, sich auszuziehen, und ließen sie auf allen Vieren um den Schreibtisch kriechen. Manchmal ritten sie auf uns oder drückten ihre Zigaretten auf uns aus. Ich habe Jutta meinen Rücken gezeigt, und sie hat gesagt: Das machen die nicht mit mir. Dann soll'n se mich lieber umbringen.

Eines Tages brachten sie deine Mutter dann in die Zelle zurück... Sie war bewusstlos, so hatten sie sie geschlagen. Ich hielt die ganze Nacht ihren Kopf. Sie... ist nicht mehr aufgewacht.

Bitte verzeihen Sie, wenn ich das so trocken erzähle. Aber weinen kann ich nur noch, wenn was Schönes passiert.
Und nun muss ich weiter, noch mehr solcher Besuche machen…
Vielen Dank, dass Sie gekommen sind.
Mach's gut, Änne! Und sei stolz auf deine Mutter!

Warum haben sie Mama und dich denn verurteilt?
Wegen Hoch- und Landesverrats.
Und was habt ihr getan?
Wir waren nur in der falschen Partei.
Aber wir hätten was getan, und das haben die Nazis gewusst. Deshalb haben sie gleich zu Anfang so viele von uns verhaftet.
Danke, dass du mich festgehalten hast.
Onkel Hans hat vor seiner Hinrichtung in einem Brief geschrieben, wir leben so lange weiter, wie wir nicht vergessen sind. Das stimmt doch, oder?

Helle, was machst du da oben?
Ich dichte die Fugen ab. Will doch nicht, dass meine Tochter friert.
Martha ist draußen! Sie möchte mit dir reden...
Wozu?
Heinz hat sie mitgebracht. Vor ein paar Monaten hätte ich noch vor ihr ausgespuckt. Aber wieso sollte meine Tochter klüger sein als so viele andere Leute? Red wenigstens mit ihr.
Hatte dich ganz anders in Erinnerung.
Aber kapierst du denn nicht? Du bist für sie so was wie ein Richter. Sie will dein Urteil hören.

Für das, was wir dir und Jutta angetan haben, gibt's keine Entschuldigung.
Günter und ich, wir haben sehr darunter gelitten, dass er dabei war, als... als ihr...
Sprich's doch aus!
... er war nur zufällig dabei, als ihr verhaftet wurdet. Er wurde dazu eingeteilt und konnte sich nicht wehren.
Und die fremden Kameraden? Hat er da auch gelitten?
Günter hat zum Schluss gewusst, dass er mit den Teufeln gelaufen ist. So hat er es jedenfalls genannt.

Er hat sich freiwillig an die Front gemeldet, und '42 ist er gefallen.
Und du? Haste gedacht, du bleibst sauber, wenn nur dein Mann in der Partei ist?
Bin doch '34 selber da eingetreten..
... wir waren ja so dumm!
Ihr wolltet dumm sein!
Wegen irgendwelcher Vorteile! Glaubste, Jutta und Hans und die vielen Millionen Menschen, die ihr umgebracht habt in eurer Dummheit, können eure Ausrede akzeptieren?
Günter und ich haben doch keinen umgebracht!
Doch! Doch! Ihr habt alles gewusst und wolltet es nicht wahrhaben!

Als wir es gemerkt haben, war es doch schon zu spät! Wenn wir da was gesagt hätten, hätten sie uns auch ein-gesperrt!
Ach, immer dieselben Argumente...
Ich versteh ja... was du erlebt hast... und Juttas Tod, das wird immer zwischen uns sein... Bin trotzdem froh, dass ich dich gesehen habe...

Hallo, Änne! Da staunste, was?
Kommst gerade recht!
Dieter! Heinz!
Wir gehen nämlich gleich auf Ersatzteilsuche.
Da kommt es auf jedes müde Holzauge an!

Und wer bist du?
Ich heiße Ellen, Dieter hat mich mitgenommen.
Schau mal, der sieht gut aus!
Ein Opel Blitz, Baujahr '38.
... und seitdem bereist Kaleu Pril auf U-4711 die Weltmeere, um Ersatzteile zu fischen!
Wie habt ihr das geschafft?
Mit dem Geld aus der Jacke haben wir eine ganze Werkstatt-ausrüstung kaufen können.
Hier rüber!

Das ist ja niedlich!
Eine Nuckelpinne!
Fährt die noch?
Das kann nur ein Fachmann rausfinden... So einer wie ich zum Beispiel!
Dieter, hol doch mal den Werkzeugkasten!
Ellen, als unsere Sekretärin könntest du einen Zettel schreiben, dass der Eigentümer seinen Wagen in der Ackerstraße 37 abholen kann.
Solang der aber nicht kommt, haben wir 'nen Firmenwagen.

Ist das schön. Schade nur, dass Vater gar nicht mehr rausgeht.
Kann ich verstehen. Draußen würde er nur Leute treffen, die früher Beifall geklatscht haben.
Ellen ist aber nett.
Meinst du?
Ihr seid ja auch nett!
Darf man mitlachen?
Dafür biste noch zu klein, Dieter!

LEBENSMITTEL KALINKE

Heiner?

Hatte ich eine Wahl? Zurück nach Deutschland und ab ins KZ? Da schien mir die Stalin-Barbarei weniger schlimm. Also bin ich in der Sowjetunion geblieben...
Bin ich müde...
Dabei hieß es immer, da wär's paradiesisch...
Nanu, ein Drachen?
Jetzt gleich?
Den wollte ich dir schenken... wir können ihn steigen lassen.

Nicht gleich.
Da ist jemand
zu Besuch. Komm,
ich stell ihn dir vor.

Das ist mein
Freund Heiner,
Mutter Schencks
Sohn...
Du warst dabei,
als meine Mutter
starb?

Magst du mir
erzählen, was mit
ihr passiert ist?
Da waren
die Soldaten auf
dem Flur...

Hallo,
Frollein Helle!
Vorsicht!
Nein!
Lutz, du bist
verhaftet!

Hör auf zu jammern!
Sauer! Hilf mir doch!
Los, weg hier! Es gibt nix zu kieken!
Hab ja nichts getan... immer nur Pech gehabt.
Los, geht wieder rein! Es ist alles in Ordnung!
Das ist Unrecht! Lutz war ja nur ein kleiner Mitläufer. Wenn ihr Lutz festnehmt, müsst ihr uns alle verhaften!
Er war dabei, als Juden deportiert wurden. Beiseite, Junge! Oder wir nehmen dich auch mit.

Gibt's denn Beweise für seine Schuld?
Wie bitte?
Warum immer nur ich?
Jetzt ist Schluss! Rauf auf den Wagen!
Kenn die Rieke aus Moskau. Die will die totale Diktatur. Brüllt alle nieder, die 'ne andere Meinung haben.
Wieso hat Kurt sich für Lutz eingesetzt?

Er ist Christ.
Lutz tut ihm leid…
Vielleicht kann Vater mit Major Iwanuschkin reden?
Das tut er bestimmt.
Guckt mal, ich hab ein Foto verkauft!
Menschenskind, Heiner!
Da unten, das ist von mir!
Frauen, die eine Mauer zum Einsturz bringen.

Als kleines Extra gab's 'ne Flasche Wodka!
Darauf müssen wir anstoßen!
Auf die Zukunft!
Ich seh mal nach, was Änne macht.
Da bist du ja. Kommste mit aufs Dach, Luft schnappen?
Klar!

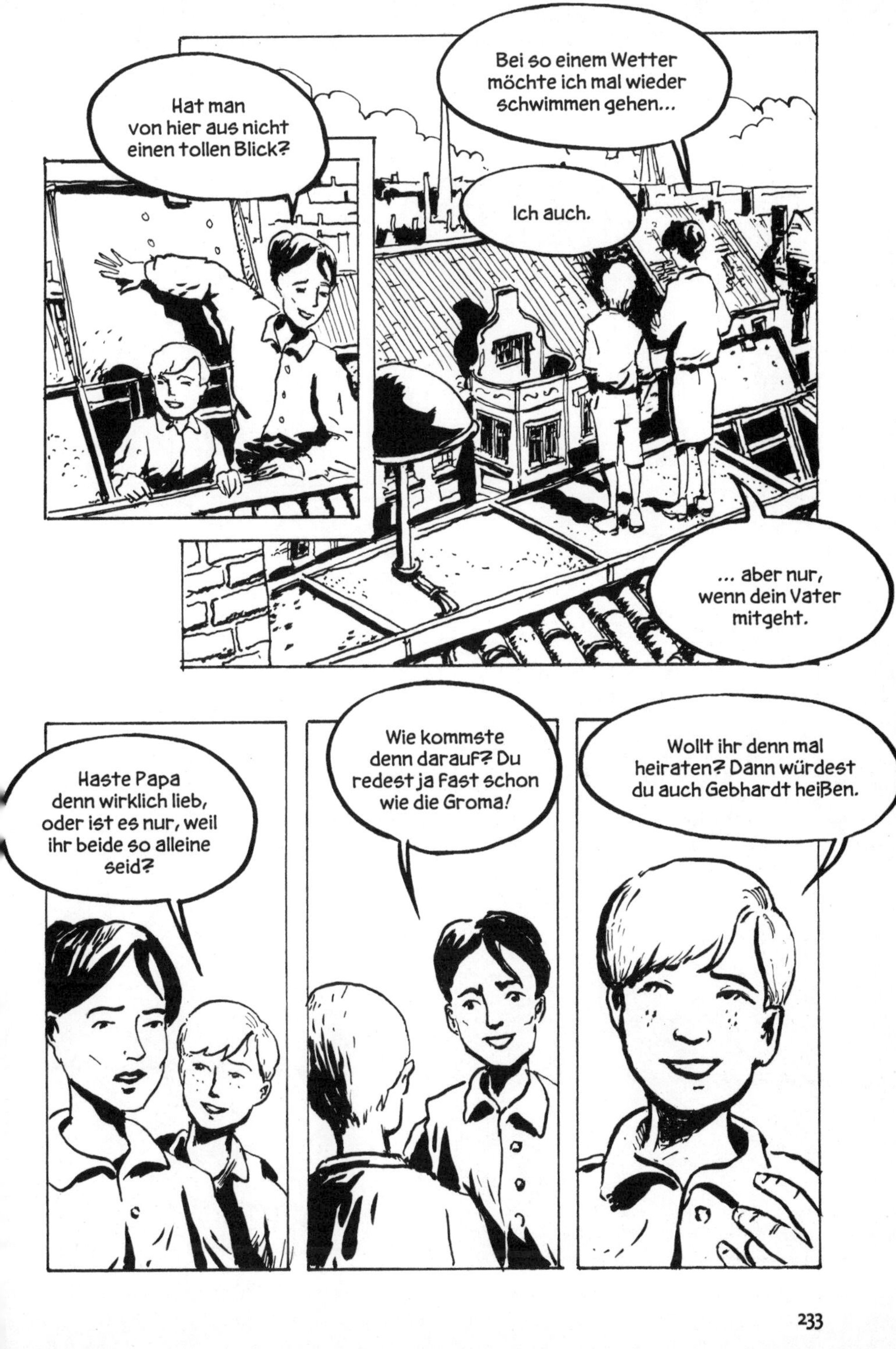

Hat man von hier aus nicht einen tollen Blick?

Bei so einem Wetter möchte ich mal wieder schwimmen gehen...

Ich auch.

... aber nur, wenn dein Vater mitgeht.

Margarete Gebhardt! Das habe ich mit Hans früher immer geübt!
Mieze finde ich besser...
Auch noch mit 60?
Da seid ihr ja!
Klar!
Ich dachte, wir könnten den Drachen steigen lassen.
Hier oben?

Aber sicher!
Als Kind durfte ich
das nie. Jetzt bin
ich erwachsen...
... und erlaube
es uns einfach!
Änne, halt ihn
so lange fest,
bis die Leine
gespannt ist...
... dann
lass ihn los!

ENDE

Christoph Heuer

Christoph Heuer wurde 1962 in Essen geboren. Nach einer Lehre als Bauzeichner kam er über den zweiten Bildungsweg an die Universität, wo er Bauingenieurwesen studierte. Während einer Reise nach Paris entdeckte er die Welt der französischen Comics. Mit einigen Lehrbüchern im Gepäck begann er danach, selbst Comics zu zeichnen. 1993 nahm er ein Kommunikationsdesignstudium an der Essener Universität auf, das er 2002 mit der vielfach ausgezeichneten Diplomarbeit »Kindergeschichten – eine nonlineare Novelle« abschloss.
Seitdem lebt und arbeitet er als freischaffender Designer in Essen. Darüber hinaus hat er an der Universität Duisburg-Essen einen Lehrauftrag im Fachbereich Bauwissenschaften.

Gerlinde Althoff

Gerlinde Althoff wurde 1958 geboren, seit 1964 ist sie begeisterte Comicleserin. Sie ist gelernte Buchhändlerin und studierte Literaturwissenschaftlerin und hat sich schon mit unzähligen Jobs durchgeschlagen. Dazwischen hat sie mehrjährige Reisen nach Afrika und Asien unternommen. Heute lebt sie mit einem Kind, zwei Hunden, mehreren Kaninchen und einigen tausend Büchern in Bielefeld, wo sie als freie Journalistin und Übersetzerin von Neil Gaiman, Alan Moore, Grant Morrison, Bill Willingham und anderen arbeitet.

Carlsen Verlag
1 2 3 4 10 09 08 07
Comic-Originalausgabe
Der erste Frühling

Programm Beltz & Gelberg, Weinheim

Projektkoordination: Sebastian Oehler
Redaktion: Ralf Keiser
Zeichnung der Textblasen: Isabel Kreitz
Titelschrift: Grotext, Karsten Lücke
Lettering: Ronny Willisch
Herstellung: Gunta Lauck
Druck und buchbinderische Verarbeitung: Ebner & Spiegel, Ulm

ISBN 978-3-551-73787-8
Printed in Germany